Kurz vor Weihnachten stapeln sich Karten mit guten Wünschen in Ihrem Briefkasten, die Ihnen Ihre Freunde und Bekannten schicken? Und jedes Jahr fehlen Ihnen die Ideen, um die kleine Aufmerksamkeit mit einer selbstgebastelten Karte zu erwidern? Kein Problem – dieses Buch macht mit dem verstaubten Image von selbstgebastelten Weihnachtskarten Schluss: Es ist perfekt für jeden, der moderne und frische Karten mit witzigen Details verschicken möchte.

Sei es eine Karte mit Traubenzucker für die gestresste Freundin oder eine mit Instant-Schnee für den Bruder, der sich auf den Skiurlaub freut: Effektvolle und überraschende Accessoires verwandeln einfachen Karton im Handumdrehen in einen individuellen Gruß. Auch weniger geübte Bastler erschaffen mithilfe von Strass, Buttons oder Knöpfen ein ganz besonderes Meisterwerk, das dem Empfänger mit Sicherheit viel Freude bereiten wird.

Haben Sie Lust bekommen, dieses Jahr auch selbstgemachte Weihnachtskarten zu verschicken?

Dann viel Spaß beim Basteln!

Miriam Dornemann

Frohe
WEIHNACHTEN
Mit Energie in die
Weihnachtszeit
Frohes
Fest
CHOCOLAT
Dolfin
NOIR 88%
NOIR
ORANGE

Kleine Botschaften

versüßen den Tag

MATERIAL

KARTE „FROHE WEIHNACHTEN"

* Strukturkarton in Creme, 18 cm x 33 cm
* Scrapbookpapier „Winterzauber" in Petrol-Braun
* Satinband in Creme, 1 cm breit, 20 cm lang
* Buchstabenstempel, je ca. 8 mm x 8 mm, und Stempelfarbe in Braun

KARTE FÜR EINE ENERGIEVOLLE WEIHNACHTSZEIT

* Cardstockpapier in Petrol, 17 cm x 24 cm
* starkes Druckerpapier in Weiß, A4
* Cardstockpapier in Hellbraun, 17 cm x 8 cm
* Dekobandreste in Braun und Creme, 5 mm bis 1 cm breit
* Scrapbookpapierreste „Winterzauber" in Petrol-Braun
* Ecklocher, rund
* Bordürenlocher „Bogenkante mit Loch"
* Farbkopierer oder Farbdrucker
* 3 Stück Traubenzucker, je 3 cm x 3 cm x 0,5 cm

KARTE MIT SCHNEEFLOCKE

* Cardstockpapier in Braun, 30 cm x 17 cm und Rest
* Cardstockpapier in Türkis, 5 cm x 16 cm
* Designpapier „Highlight" mit Ornamenten in Gold, 11 cm x 16 cm
* Satinband in Braun, 6 mm breit, 50 cm lang
* Papier-Accessoire „Schneeflocke", ø 6,3 cm
* Sticker „Frohes Fest" in Weiß, ca. 7 cm breit

VORLAGE

Bogen 1A

Karte „Frohe Weihnachten"

Übertragen Sie die Vorlage für die Karte auf den Strukturkarton und schneiden Sie das Motiv mit dem Cutter aus. Den Schriftzug „Weihnachten" und evtl. ein Herz gemäß Abbildung auf die Karte stempeln. Das Scrapbookpapier so auf den unteren Teil der Karte kleben, dass es nach dem Zuklappen hinter dem Schriftzug „Frohe" liegt. Zum Schluss das Satinband an den ausgeschnittenen Text kleben.

Karte für eine energievolle Weihnachtszeit

1 Falten Sie das Cardstockpapier in Petrol in der Mitte. Den Schriftzug „Mit Energie in die Weihnachtszeit" am PC schreiben und in Türkis ausdrucken. Den oberen Rand des weißen Papiers nach Vorlage zu einem Bogen schneiden und auf die Karte in Petrol kleben.

2 Das hellbraune Cardstockpapier am oberen Rand mit dem Bordürenlocher zu einer Bogenkante stanzen. Die Vorlagen für die kleinen Taschen werden auf das Scrapbookpapier übertragen, ausgeschnitten und mit den Klebeflächen auf den hellbraunen Karton geklebt. Oberhalb und unterhalb der Taschen einen kleinen Schlitz schneiden und das Dekoband durchfädeln. Bei der rechten Tasche auch rechts und links kleine Schlitze schneiden und das Dekoband über Kreuz einfädeln. Alle Taschen mit Traubenzucker füllen und die Dekobänder verknoten. Zum Schluss kleben Sie den hellbraunen Karton auf die Karte.

Karte mit Schneeflocke

1 Vom braunen Cardstockpapier wird der rechte Rand 12 cm nach links gefaltet und der linke Rand 6 cm nach rechts. Die Ecken können nach Belieben mit dem Ecklocher abgerundet werden.

2 Vom türkisfarbenen Cardstockpapier die beiden rechten Ecken abrunden und auf die linke Seite der Karte kleben. Beim goldenen Designpapier ebenfalls die Ecken abrunden und das Designpapier auf die rechte Seite der Karte kleben. Aus dem Rest braunen Cardstockpapier werden nach Vorlage zwei Quadrate mit Klammerrand ausgeschnitten. Das Satinband zwischen die beiden Quadrate legen und festkleben. Die Quadrate auf die linke Seite der Karte kleben und darauf wiederum die Schneeflocke mit Abstandsklebepads befestigen. Oberhalb der Schneeflocke den Schriftzug „Frohes Fest" aufkleben und die Karte mit dem Satinband verschließen.

Winterliche Grüße

in edler Optik

MATERIAL
KARTE MIT SCHNEEFLOCKE

* Strukturkarton in Mittelblau, 24 cm x 17 cm
* Strukturkarton in Dunkelblau, 11 cm x 16 cm
* Designpapierrest „Highlight“ mit Ornamenten in Silber
* Brad (Zierklammer) in Blau, ø 6 mm
* Klebeschriftzug „Frohe Weihnachten“ in Silber
* Satinbandrest in Weiß
* Motivlocher „Schneeflocke“, ø ca. 3,6 cm
* evtl. Motivlocher „Kreis“, ø 6,3 cm und 5 cm

KARTE MIT STERN

* Strukturkarton in Weiß, 24 cm x 17 cm
* Strukturkarton in Dunkelblau, 11 cm x 16 cm
* Satinbandrest in Weiß
* Designpapierrest „Highlight“ mit Ornamenten in Silber
* Stempel „Fröhliche Weihnachten“, ca. 9 cm breit, und Stempelkissen in Weiß
* Nähmaschine und Garn

Karte mit Schneeflocke

1 Falten Sie den mittelblauen Strukturkarton in der Mitte zu einer Klappkarte und stanzen Sie rechts unten mit dem kleineren Kreislocher einen Kreis aus. Alternativ können Sie einen Kreis vorzeichnen und mit dem Cutter ausschneiden. Aus dem dunkelblauen Karton an der gleichen Stelle einen etwas größeren Kreis ausstanzen oder ausschneiden. Dann den dunkelblauen Karton auf die Karte kleben. Der ausgestanzte größere Kreis wird innen in die Karte hinter das Loch im mittelblauen Karton geklebt.

2 Mit dem Motivlocher eine Schneeflocke aus dem Designpapier „Highlight“ ausstanzen, den Brad in der Mitte befestigen und beides mit Abstandsklebepads auf dem Kreis in der Karte platzieren.

3 Den Schriftzug „Frohe Weihnachten“ auf den oberen Teil der Karte kleben, das Satinband durch das Loch fädeln und verknoten.

Karte mit Stern

Den weißen Strukturkarton mittig falten. Aus dem Designpapier „Highlight“ einen Stern ausschneiden und rechts unten auf den blauen Strukturkarton kleben. Nähen Sie den Stern mit der Nähmaschine dreimal am Rand entlang an – die Nähte dürfen ruhig schief sein und sich überschneiden. Das Satinband wird dabei ebenfalls befestigt. Den Schriftzug in Weiß links oben auf den blauen Karton stempeln. Dann den blauen Karton mittig auf die weiße Karte kleben.

Mein Tipp für Sie

Geschenkanhänger Aus dem silbernen Designpapier „Highlight“ lassen sich toll passende Geschenkanhänger zaubern. Einen silbernen Stern auf dunkelblauen Strukturkarton kleben und mit einem Rand ausschneiden. Dann die Naht anbringen. Den Namen des Empfängers mit einem silbernen Gelstift auf die Rückseite des Anhängers schreiben. Den Anhänger lochen und mit einem Bändchen ans Geschenk hängen.

Fröhliche Weihnachten
und ein glückliches neues Jahr!
Frohe Weihnachten

wunderbare Weihnachtszeit
Fröhliche
Weihnachte

Im Alpenlook

traditionsverbunden

MATERIAL
WEIHNACHTS-STRUMPF

* Strukturkarton in Rot, 10 cm x 35 cm
* Strukturkartonrest in Creme
* Scrapbookpapierrest „Lotta" in Grün gemustert
* Dekobandrest in Grün-Weiß gepunktet, 1 cm breit
* Satinbandrest in Creme, 4 mm breit
* Gelstift in Schwarz
* Glöckchen in Gold, ø 1,4 cm

CD-HÜLLE

* Strukturkarton in Braun, 38 cm x 18 cm
* Strukturkarton in Weiß, 13,5 cm x 13,5 cm und Rest
* Bastelkarton „Alpenchic", 13 cm x 13 cm
* Dekobandreste in Rot-Weiß und Creme-Weiß gemustert, 1 cm breit
* Stempel „Fröhliche Weihnachten" und Stempelkissen in Schwarz
* Papier-Accessoire „Schneeflocke", ø 6,3 cm
* Nähmaschine und Garn

VORLAGE
Bogen 1A

Weihnachtsstrumpf

1 Die Vorlage für den Weihnachtsstrumpf, den cremefarbenen Rand und die grünen Abnäher auf die jeweiligen Papiere übertragen und alles ausschneiden. Den Strumpf an der gestrichelten Linie falten. Dann das cremefarbene und die grünen Papiere auf die Vorderseite kleben.

2 Lochen Sie den cremefarbenen Rand gemäß der Abbildung und befestigen Sie die Dekobänder und das Glöckchen. Mit dem Gelstift den Text „wunderbare Weihnachtszeit" schreiben und die gestrichelten Linien wie abgebildet aufmalen.

CD-Hülle

1 Die Vorlage für die CD-Hülle auf den braunen Strukturkarton übertragen. Die Klebeflächen nach innen klappen, dann die rechte Seite (mit dem gebogenen Rand) nach links klappen und an den Klebeflächen befestigen.

2 Zunächst den weißen Karton, dann den Bastelkarton „Alpenchic" mit wenig – und nur partiell aufgetragenem – Klebstoff auf der Vorderseite der Karte befestigen. Die Dekobänder in der Mitte falten, zwischen Karte und weißen Karton schieben und ggf. mit etwas Klebstoff fixieren.

3 Stempeln Sie den Schriftzug „Fröhliche Weihnachten" auf den weißen Kartonrest und kleben Sie diesen rechts unten auf die Karte. Dann mit der Nähmaschine die Papierschichten zusammennähen, der Zettel mit dem Text und die Dekobänder werden dabei mitgefasst. Zum Schluss wird die Schneeflocke mit Abstandsklebepads auf die Karte geklebt.

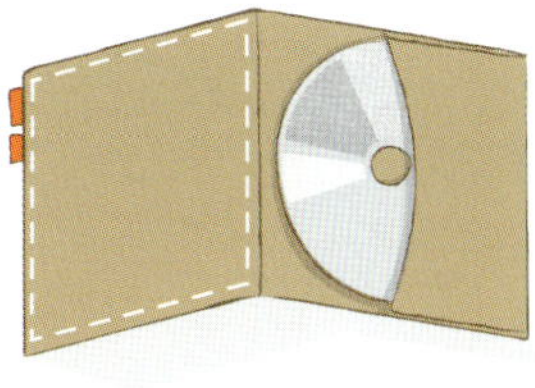

Zeitlos schön

in klassischen Farben

MATERIAL
KARTE MIT HIRSCH

* Strukturkarton in Mittelgrün, 17 cm x 24 cm
* Strukturkartonreste in Creme, Braun und Rot
* Bastelkartonrest mit Weihnachtsbordüren
* Klebeschriftzug „Frohes Fest" und Schneeflocke in Weiß
* Satinband in Hellgrün, 5 mm breit, 40 cm lang

KARTE MIT FILZANHÄNGER

* Strukturkarton in Dunkelgrün, 12 cm x 34 cm
* Strukturkarton in Mittelgrün, 12 cm x 8 cm
* Strukturkarton in Dunkelrot, 12 cm x 5,5 cm
* Strukturkarton in Creme, 12 cm x 5 cm
* Dekoband in Grün-Weiß gepunktet, 12 mm breit, 20 cm lang
* Sticker „Frohe Weihnachten" in Gold, ca. 10 cm breit
* Eyelet (Öse) in Gold, ø 5 mm, und Werkzeug zum Befestigen
* Filzreste in Weiß und Rot, 2 mm stark
* dünne Bastelfilzreste in Grün und Rot
* Stickgarn in Grün, Rosa, Rot und Braun
* Kordelrest in Weiß
* Bordürenlocher „Bogenkante mit Loch"
* Ecklocher, rund

VORLAGE
Bogen 1B

Karte mit Hirsch

Den grünen Strukturkarton in der Mitte zu einer Klappkarte falten. Die cremefarbenen und roten Strukturkartonreste und den Bastelkarton gemäß Vorlage zuschneiden und alles auf die Vorderseite der Karte kleben. Das Motiv für den Hirsch auf den braunen Strukturkarton übertragen und ausschneiden, dann auf den cremefarbenen Karton kleben. Zum Schluss kleben Sie die Sticker auf den roten Karton und binden das Satinband nahe dem Falz um die Vorderseite der Karte.

Karte mit Filzanhänger

1 Den dunkelgrünen Strukturkarton in der Mitte falten und die unteren Ecken mit dem Ecklocher abrunden. Einen Rand des cremefarbenen Kartons mit dem Bordürenlocher verzieren und das Dekoband um den dunkelroten Karton kleben. Dann werden der mittelgrüne, der dunkelrote und der cremefarbene Karton gemäß Abbildung auf die Karte geklebt. Kleben Sie den Schriftzug „Frohe Weihnachten" rechts unten auf die Karte und setzen Sie links oben die Öse ein.

2 Für den Filzanhänger zweimal den Ilex aus dem dünnen roten und grünen Filz zuschneiden und zweilagig auf den weißen Filz nähen, der kreisförmig ausgeschnitten wird. Den oberen Teil des Anhängers aus dem starken roten Filz zuschneiden und oben an den Kreis nähen. Umnähen Sie dann die äußere Kante mit einem Knopflochstich, besticken Sie den Ilex wie abgebildet, lochen Sie den roten Filz und befestigen Sie daran die weiße Kordel.

3 Den Anhänger mit doppelseitigem Klebeband oder Abstandsklebepads auf der Karte befestigen, das Kordelende durch die Öse ziehen und in der Karte mit etwas Klebeband befestigen.

Frohes Fest
Frohe Weihnachten

Fröhliche Weihnachten
und ein glückliches neues Jahr!
Glück
Feiertage
Liebe
Glanz
Freude
Fröhliche Weihnachten
und ein glückliches neues Jahr!
Liebe
Glück
Feiertage
Glanz
Freude
Licht
Weihnachten
Harmonie
Kerzen

Ganz persönlich

und von Herzen

MATERIAL

QUADRATISCHE KARTE MIT FOTO

* Strukturkarton in Braun, 15 cm x 30 cm
* Strukturkarton in Creme, 15 cm x 14 cm
* Designpapier „Highlight“ mit Ornamenten in Gold, 15 cm x 5 cm
* Stempel „Fröhliche Weihnachten und ein glückliches neues Jahr“, 9 cm x 3 cm, und Stempelkissen in Braun
* Familienfoto im Querformat

HOCHFORMATIGE KARTE MIT FOTO

* Designpapier „Highlight“ mit Ornamenten in Gold, 20 cm x 20 cm
* Strukturkarton in Braun, 10 cm x 16 cm, und Rest
* Satinband in Weiß, 5 mm breit, 30 cm lang
* Stempel „Stern“, 7 cm x 7 cm, und Stempelkissen in Weiß
* Familienfoto im Hochformat

KARTE MIT STERNEN

* Strukturkarton in Braun, 12 cm x 34 cm
* Strukturkarton in Creme, 15 cm x 12 cm
* Designpapierrest „Highlight“ mit Ornamenten in Gold
* Häkelbortenrest in Braun, 8 mm breit
* Stempel „Fröhliche Weihnachten und ein glückliches neues Jahr“, 9 cm x 3 cm, und Stempelkissen in Braun

ANHÄNGER

* Designpapierrest „Highlight“ mit Ornamenten in Gold
* Satinbandrest in Creme, 4 mm breit
* Strukturkartonrest in Braun
* Stempel „Stern“, 7 cm x 7 cm, und Stempelkissen in Weiß
* Jumbo-Motivlocher „Anhänger“, 4,5 cm x 6,8 cm

VORLAGE

Bogen 1B

Quadratische Karte mit Foto

1 Den Strukturkarton in Braun mittig zu einer Klappkarte falten. Das Foto auf das Designpapier „Highlight“ und dieses dann auf den Strukturkarton in Creme kleben. Achten Sie dabei darauf, dass im unteren Bereich des cremefarbenen Kartons noch ausreichend Platz für den Schriftzug ist.

2 Die Weihnachtsgrüße aufstempeln und trocknen lassen. Kleben Sie dann alles auf die Vorderseite der Karte.

Hochformatige Karte mit Foto

1 Das Designpapier „Highlight“ mittig zu einer Klappkarte falten. Das Foto auf den Strukturkarton in Braun kleben. Schneiden Sie ggf. das Foto und den Karton passend zu. Am unteren Rand des Fotos das Satinband herumwickeln und verknoten.

2 Den Stern auf den Rest braunen Strukturkarton stempeln und ausschneiden. Foto und Stern auf der Vorderseite der Karte anordnen und dann festkleben. Der Stern kann mit Abstandsklebepads befestigt werden, so wird er etwas stärker betont.

Karte mit Sternen

Falten Sie den braunen Strukturkarton mittig zu einer Klappkarte. Den cremefarbenen Strukturkarton mittig aufkleben und im unteren Bereich den Schriftzug aufstempeln. Aus dem Designpapier „Highlight“ werden zwei Sterne nach Vorlage ausgeschnitten. Auf der Rückseite eines Sterns die Häkelborte befestigen, dann beide Sterne mit Abstandsklebepads auf die Karte kleben.

Anhänger

Den Anhänger aus dem Designpapier „Highlight“ ausstanzen und das Satinband befestigen. Das Sternmotiv auf den braunen Karton stempeln, ausschneiden und mit Abstandsklebepads auf den Anhänger kleben.

Kartenfreude mal sechs

schnelle und einfache Hingucker

MATERIAL FÜR DIE KARTE

* Strukturkarton in Weiß oder Dunkelblau oder Motiv-Fotokarton („Filz", „Winterzauber"), je 20 cm x 10 cm

FÜR DIE GRUNDFORMEN

* Strukturkarton in Hellgrün, Creme, Dunkelgrün, Weiß, Braun, Dunkelblau oder Rot

ZUM DEKORIEREN

* Motivlocher „Rentier", „Bogenkante mit Loch", evtl. „Kreis", ø 2,5 cm
* Stempel „Stern", „Fröhliche Weihnachten ..." und „Minimotive"
* Stempelfarbe in Braun, Weiß und Gold
* Papier-Accessoires mit Schneeflocken, Schneemann und Weihnachtsmann
* Satinbänder in Weiß, Dunkelblau oder Rot
* Kordel „Baker's Twine"
* Strasssteine etc.
* Designpapier in Gold

Karte mit Schneeflocke

Den dunkelblauen Karton auf 9 cm x 9 cm zuschneiden und mittig auf die weiße Klappkarte kleben. Darauf zentriert die Schneeflocke mit Abstandsklebepads befestigen. Dann das Satinband um die Vorderseite der Karte wickeln und verknoten.

Karte mit Stern

Den Stern auf den cremefarbenen Karton stempeln und zu einem Quadrat von 7,5 cm x 7,5 cm zuschneiden. Den braunen Karton zu einem Quadrat mit einer Seitenlänge von 8,5 cm zuschneiden und das cremefarbene Quadrat aufkleben. Beide Quadrate werden dann auf der Vorderseite der Karte befestigt. 13 kleine Strasssteine in Rosa, die auf das gestempelte Motiv geklebt werden, sorgen für glitzernde Highlights.

Karte mit Weihnachtsmann

Schneiden Sie das weiße Papier auf 10 cm x 3 cm zu und stanzen Sie am unteren Rand mit dem Motivlocher eine Bogenkante. Einen 2 cm breiten Streifen roten Strukturkarton aufkleben und beides gemäß der Abbildung auf die Vorderseite der Karte kleben. Die Kordel zweimal um die Karte wickeln und verknoten. Als letztes wird das Papier-Accessoire mit dem Weihnachtsmann mit Abstandsklebepads auf die Papierstreifen geklebt.

Karte mit Schneemann

Schneiden Sie aus dem braunen Strukturkarton einen Kreis mit 6 cm Durchmesser aus und kleben Sie ihn auf einen Kreis aus weißem Papier (ø 7,5 cm). Die Ecken der Karte mit einem Ecklocher abrunden, dann das Satinband mittig um die Vorderseite der Karte wickeln und befestigen. Die Enden des Satinbandes hinter den Kreisen verstecken und nicht verknoten. Dann zunächst die Kreise aufkleben und den Schneemann mit Abstandsklebepads auf den Kreisen befestigen. Binden Sie zum Schluss aus dem restlichen Satinband eine Schleife und kleben Sie sie unterhalb der Kreise auf die Karte.

Karte mit Rentier

Mit dem Motivlocher ein Rentier aus goldenem Designpapier ausstanzen und mit Abstandsklebepads auf die Vorderseite der Karte kleben. Den Schriftzug mit goldener Stempelfarbe auf die Vorderseite der Karte stempeln. Bitte beachten Sie, dass goldene Stempelfarbe meist etwas länger zum Trocknen braucht.

Karte mit vier kleinen Stempeln

Schneiden Sie den hellgrünen Strukturkarton auf 9 cm x 9 cm zu und kleben Sie das Quadrat auf die Vorderseite der Karte. Die vier Weihnachtsmotive auf den dunkelgrünen Karton stempeln, ausschneiden (ggf. einen kleinen runden Motivlocher verwenden) und auf die Vorderseite der Karte kleben. Das rote Satinband wie abgebildet um die Vorderseite der Karte wickeln und verknoten.

Hinweis: Fast alle hier verwendeten Materialien haben bei den anderen Karten schon einen Auftritt. Daher werden die Karten und die Techniken nur kurz beschrieben.

Fest
Zeit
Ruhe
Familie
Wünsche
Lachen
Liebe
Licht
Kerzen
Weihnachten
Glück
Harmonie
Feiertage
Glanz
Freude
Wünsche
Geschenke
Lachen
Licht
Zeit
Gebäck
Kirche
Fest
Fröhliche Weihnachten
und ein glückliches neues Jahr!

noch
24
tage
Frohe Weihnachten

Der Countdown läuft

kleine Überraschungen im Advent

MATERIAL

KARTE MIT 24 KREISEN

* Strukturkarton „Starlight“ in Violett, 17 cm x 24 cm
* Papierreste in hellen Lila- und Lavendeltönen
* Designpapierrest „Highlight“ mit Ornamenten in Gold
* Strassstern in Lila, ø 8 mm
* Dekoband in Lila-Weiß gestreift, 6 mm breit, 50 cm lang
* Motivlocher „Kreis“, ø 2,5 cm
* Stempel „Zahlen“, je 7 mm hoch, und Stempelkissen in Anthrazit

KARTE „FROHE WEIHNACHTEN“

* Bastelkarton in Weiß, 17 cm x 24 cm
* Bastelkarton in Zartrosa, 17 cm x 5,5 cm
* Designpapier „Starlight“ in Violett, 17 cm x 2 cm
* Designpapier „Highlight“ mit Ornamenten in Gold, 2 x 17 cm x 0,6 cm
* Satinband in Lavendel, 1 cm breit, 50 cm lang
* 3-D-Sticker „Weihnachtsornament“
* Schriftzug „Frohe Weihnachten“, ca. 10 cm breit
* Bordürenlocher „Bogenkante mit Loch“
* Motivlocher „Kreis mit Bogenkante“, ø 5 cm

FLASCHENANHÄNGER

* Bastelkarton in Weiß, 12 cm x 25 cm
* 3-D-Sticker „Weihnachtsanhänger“ in Lavendel
* Stempel „Buchstaben“, je ca. 7 mm x 9 mm, und Stempelkissen in Anthrazit
* Dekoband in Lila-Weiß gestreift, 6 mm breit, 50 cm lang
* Mini-Weihnachtskalender mit Schokolinsen (Packung ca. 7,5 cm x 11,3 cm)

VORLAGE

Bogen 1B

Karte mit 24 Kreisen

Den Strukturkarton mittig zu einer Klappkarte falten. Aus den verschiedenen Papieren in Lila- und Lavendeltönen 23 Kreise ausstanzen, den 24. Kreis aus dem Designpapier „Highlight“ ausstanzen. Die Zahlen auf die Kreise stempeln, dann alle Kreise auf der Vorderseite der Karte anordnen und festkleben. Der letzte Kreis wird mit einem Strassstern verziert. Zum Schluss das Dekoband nahe dem Falz um die Vorderseite der Karte binden.

Karte „Frohe Weihnachten“

Den Strukturkarton mittig zu einer Klappkarte falten und einen Rand des violetten Designpapiers mit dem Bordürenlocher verzieren. Die Designpapiere in Violett und Gold und den Bastelkarton in Zartrosa gemäß der Abbildung auf die Vorderseite der Karte kleben. Das Satinband um die Vorderseite der Karte wickeln und verknoten. Aus dem Rest Designpapier in Gold einen Kreis mit Bogenkante ausstanzen und auf die Vorderseite der Karte kleben. Zum Schluss den 3-D-Sticker und den Schriftzug auf die Karte kleben.

Flaschenanhänger

1 Übertragen Sie die Vorlage für den Anhänger auf den weißen Karton, schneiden Sie ihn aus und falten Sie ihn. Dann wird der Text „noch 24 Tage“ gestempelt und der 3-D-Sticker aufgeklebt. Kleben Sie den unteren Teil des Anhängers zu einer Tasche zusammen. Das Loch kann mit einem Kreislocher ausgestanzt werden.

2 Den Weihnachtskalender in die Tasche schieben, das Dekoband durch die Öffnung fädeln und verknoten. Hängen Sie den Adventskalender an den Hals einer Piccoloflasche Sekt und verschenken Sie ihn Ende November.

Trendiger Weihnachtsbaum

im Patchwork-Stil

1 Der Bastelkarton mit Leinenstruktur wird in der Mitte zu einer Klappkarte gefaltet. Den Strukturkarton in Creme an zwei Ecken mit dem Ecklocher abrunden und auf die Karte kleben. Aus den grün gemusterten Papieren ca. 1 cm breite Streifen in verschiedenen Längen zuschneiden und gemäß der Abbildung der Größe nach auf der Karte anordnen. Für den Baumstamm aus dem braunen Strukturkarton ein Rechteck zuschneiden und unterhalb der grünen Streifen platzieren. Wenn alles passt, die Streifen festkleben.

2 Schneiden Sie aus dem roten Karton einen Stern zu (oder stanzen Sie ihn mit einem Motivlocher aus) und befestigen Sie ihn mit dem Brad an der Spitze des Baumes. Mit dem Stempel die Weihnachtsgrüße an den linken Rand stempeln und den Baum mit einigen Strasssternen dekorieren.

MATERIAL

* Bastelkarton mit Leinenstruktur, 24 cm x 17 cm
* Strukturkarton in Creme, 10 cm x 16 cm
* verschiedene Scrapbookpapierreste in Grüntönen
* Scrapbookpapierrest in Rot
* Strukturkartonrest in Braun
* Brad (Zierklammer) in Rot
* 7 Strasssterne in Rot
* Stempel „Viele liebe Grüße“ mit Schneeflocke und Stempelkissen in Schwarz
* Ecklocher, rund
* evtl. Motivlocher „Stern“

Die schnelle 3 x 3 Karte

einfach, aber effektvoll

MATERIAL

* Strukturkarton in Dunkelgrün, 30 cm x 15 cm
* Strukturkarton in Creme, 14 cm x 14 cm
* Strukturkarton in Rot, 9 x 4 cm x 4 cm
* Glitter-Scrapbookpapier „Weihnachtszeit" mit Motiven im Patchwork-Stil
* Kordel „Baker's Twine" in Rot-Weiß, 80 cm lang

Den Strukturkarton in Dunkelgrün in der Mitte zu einer Klappkarte falten und den cremefarbenen Karton mittig auf die Vorderseite kleben. Schneiden Sie nun aus dem Scrapbookpapier neun Motive aus und kleben Sie sie auf die Quadrate aus rotem Strukturkarton. Diese neun Quadrate auf der Karte anordnen und festkleben. Die Kordel am Falz zweimal um die Vorderseite der Karte wickeln und verknoten.

Verspielt und nostalgisch

mit modernen Akzenten

MATERIAL

KARTE MIT KREISEN

* Strukturkarton in Weinrot, 17 cm x 24 cm
* Scrapbookpapierreste in Rosa-Rot gemustert, Grün gemustert und Rot gemustert
* Strukturkartonreste in Beige, Weinrot, Rot und Weiß
* Button in Grün mit Weihnachtsmotiv
* Ösen (Eyelets) in Pink und Grün, ø 6 mm
* 3-D-Sticker „Bär im Weihnachtsstrumpf“
* Motivlocher „Kreis mit Bogenkante“, ø 5 cm und 4 cm
* Dekobandrest in Creme-Weiß gestreift

KARTE MIT WEIHNACHTSBÄUMEN

* Fotokarton „Paradiso“ in Grün (mit rot gemusterter Rückseite), 17 cm x 24 cm
* Strukturkartonreste in Hellgrün, Dunkelgrün, Creme und Braun
* Scrapbookpapierrest in Grün gemustert
* Dekoband in Grün-Weiß gepunktet
* Stempel „Buchstaben“, je ca. 7 mm hoch, und Stempelkissen in Schwarz und Weiß
* 6 Halbperlen in Creme
* Satinbandrest in Rot, 4 mm breit
* Strassstern in Rot, ø 8 mm
* Bordürenlocher „Bogenkante mit Loch“
* Motivlocher „Kreis“, ø 3,3 cm
* Motivlocher „Kreis mit Bogenkante“, ø 5 cm

KARTE MIT TEETASSE

* Strukturkarton in Beige, 30 cm x 15 cm
* Strukturkarton in Weiß, 14 cm x 14 cm
* Strukturkartonrest in Rot
* Bastelkartonrest in Rot mit kleinen Weihnachtsmotiven
* Dekobandrest in Grün-Weiß gepunktet
* Teebeutel
* Stempel „Weihnachtspost“ und Stempelkissen in Schwarz
* Nähmaschine und Garn

VORLAGE

Bogen 2A

Karte mit Kreisen

1 Den weinroten Strukturkarton mittig zu einer Klappkarte falten. Das Scrapbookpapier in Rosa-Rot auf 11 cm x 11 cm, das grüne Scrapbookpapier auf 5 cm x 11 cm zuschneiden und beide Papiere mit etwas Klebefilm zusammenkleben. Um die geklebte Kante zu verdecken, legen Sie einen Rest Dekoband über die Kante und kleben es auf der Rückseite fest. Die Ecken abrunden und alles auf die Vorderseite der Karte kleben.

2 Schneiden Sie unterschiedlich große Kreise zu, peppen Sie sie mit Eyelets und einem 3-D-Sticker auf und ordnen Sie sie in einer Reihe auf der Karte an. Einige der Kreise mit Abstandsklebepads befestigen. Der Kreis mit dem Button wird an zwei Stellen gelocht, die Buttonnadel durchgesteckt, und der Kreis mit Abstandsklebepads befestigt.

Mein Tipp für Sie

Button up! Fertige handgearbeitete Buttons kann man im Internet kaufen. Manche Copyshops haben eine Buttonmaschine, bei der Sie Ihre eigenen Papiere zu einem Button verarbeiten können. Wenn Sie viele Buttons herstellen wollen, kann sich sogar eine eigene Buttonmaschine lohnen. Die Maschine muss zwar bezahlt werden, die einzelnen Buttons kosten dann aber kaum noch Geld.

Karte mit Weihnachtsbäumen

1 Den Fotokarton „Paradiso“ mittig zu einer Klappkarte falten. Am unteren Rand der Vorderseite werden 2 cm abgeschnitten. Den cremefarbenen Strukturkarton auf 17 cm x 3,5 cm zuschneiden und eine der langen Seiten mit dem Bordürenlocher zu einer Bogenkante stanzen. Der cremefarbene Streifen wird mit dem Dekoband umwickelt und dann wie abgebildet auf die Vorderseite der Karte geklebt.

2 Schneiden Sie die grünen Strukturkartonreste zu Halbkreisen und falten Sie sie dann gemäß der Vorlage zu Tannenbäumen. Die Ränder mit dem weißen Stempelkissen schattieren. Einen Streifen aus dem braunen Strukturkarton zu Baumstämmen schneiden, hinter die Tannenbäume kleben und alles auf der Karte platzieren.

3 Einen Kreis aus cremefarbenem Strukturkarton stanzen, die Weihnachtsgrüße aufstempeln und auf einen aus grünem Scrapbookpapier gestanzten Kreis mit Bogenkante setzen. Ebenfalls auf die Vorderseite der Karte kleben. Dann die Karte mit Halbperlen, dem Strassstern und einer Schleife aus rotem Satinband dekorieren.

Karte mit Teetasse

Den beigefarbenen Strukturkarton mittig zu einer Klappkarte falten. Die Vorlage für Untertasse und Henkel auf den roten Karton und die Vorlage für die Tasse auf den weihnachtlichen Bastelkarton übertragen und die Motive ausschneiden. Zunächst die Untertasse auf dem weißen Strukturkarton festnähen. Dann die Tasse mit einer Naht befestigen: Der Henkel wird mit angenäht, der obere Rand der Tasse bleibt offen, damit der Teebeutel darin platziert werden kann. Nähen Sie dann den weißen Strukturkarton mit der applizierten Tasse mittig auf die Vorderseite der Karte. Zum Schluss den Text „Weihnachtspost“ aufstempeln und das Dekoband am Tassenhenkel befestigen.

Frohe Weihnachten
Frohe Weihnachten
Frohe Weihnachten

Hier kommt der Weihnachtsmann

mit kleinen Geschenken

MOTIVGRÖSSE
Geschenkschachtel
ca. 10,5 cm x 14 cm x 4 cm

MATERIAL
KARTE MIT WEIHNACHTSMANN

* Fotokarton „Filz“, 24 cm x 17 cm
* Strukturkarton in Grün, 12 cm x 2 cm
* Strukturkartonreste in Rot, Weiß, Graubraun und Apricot
* starkes Druckerpapier in Weiß, A4
* Bastelkarton mit Weihnachtsbordüren, 12 cm x 4,5 cm
* Scrapbookpapierrest in Grün gemustert
* Streichholzschachtel oder flache Süßigkeit
* Baumwoll-Dekobandrest in Rot-Weiß gemustert, 1,3 cm breit
* Bordürenlocher „Bogenkante mit Loch“
* PC und Drucker

WEIHNACHTSMANN-GESCHENKSCHACHTEL

* Strukturkarton in Rot, 35 cm x 17 cm
* Strukturkartonreste in Weiß, Graubraun und Apricot
* Kordel „Baker's Twine“ in Rot-Weiß
* Samtbrad (Zierklammer)
* starkes Druckerpapier in Weiß, A4
* PC und Drucker

VORLAGE
Bogen 1B + 2A

Karte mit Weihnachtsmann

1 Den Fotokarton in Filzoptik mittig zu einer Klappkarte falten. Einen Rand des grünen Strukturkartons mit dem Bordürenlocher zu einer Bogenkante stanzen. Mit dem PC den Schriftzug „Frohe Weihnachten“ schreiben, eine ausgefallene Schriftart wählen, den Schriftzug auf etwas stärkeres Papier drucken und ausschneiden. Dann den Bastelkarton mit den Weihnachtsbordüren und den Strukturkarton in Grün auf der Vorderseite fixieren und den gedruckten Text dabei mit festkleben.

2 Schneiden Sie den Weihnachtsmann gemäß der Vorlage aus den Strukturkartonresten zu, schattieren Sie mit einem Buntstift die Ränder und malen Sie die Augen mit einem schwarzen Gelstift auf. Die Süßigkeit oder die Streichholzschachtel mit dem grün gemusterten Scrapbookpapier einschlagen und dem Weihnachtsmann in den Arm bzw. die Arme kleben. Der Weihnachtsmann kann entweder einen Arm oder beide Arme um ein aufgeklebtes Geschenk wickeln, der Vorlagenbogen enthält beide Varianten. Dann wird der Weihnachtsmann mit Abstandsklebepads auf die Karte geklebt. Aus dem Dekoband eine Schleife binden und ebenfalls auf die Karte kleben.

Weihnachtsmann-Geschenkschachtel

Übertragen Sie die Vorlage für den Weihnachtsmann auf den roten Karton und schneiden Sie das Motiv aus. Die anderen Motivteile aus weißem, graubraunen und apricotfarbenen Strukturkarton zuschneiden und auf den Weihnachtsmann kleben. Schattieren Sie die Ränder mit einem Buntstift und malen Sie die Augen mit einem schwarzen Gelstift auf. Den Samtbrad als Gürtelschnalle befestigen. Erst dann werden die Klebeflächen der Schachtel festgeklebt. Die beiden Köpfe mit einem Loch versehen und mit der Kordel zusammenbinden. Sie können auch einen Anhänger mit Weihnachtsgrüßen am PC anfertigen, ausdrucken und an die Kordel hängen.

Verschneite Grüße

bringen Winterstimmung nach Hause

MATERIAL

KARTE MIT INSTANT-SCHNEE

* Strukturkarton in Hellblau, 24 cm x 17 cm
* Strukturkarton in Petrol, 12 cm x 6,5 cm, und Rest
* Strukturkarton in Dunkelblau, 8 cm x 11,5 cm
* Strukturkarton-rest in Grün
* Scrapbookpapierrest in Blau
* Halbperlen in Weiß, ø 8 mm
* Druckverschluss-beutel, 6 cm x 8 cm
* Dekoband in Blau gemustert, 15 mm breit, 50 cm lang
* Inhalt Ihres Lochers
* Ecklocher, rund
* Bordürenlocher „Bogenkante mit Loch"
* Motivlocher „Schneeflocken", ø 3,7 cm und 7,5 cm

KARTE MIT SCHNEE-FLOCKEN

* Bastelkarton in Weiß, 24 cm x 17 cm und 9,5 cm x 9,5 cm
* Strukturkarton in Dunkelblau, 10,3 cm x 10,3 cm
* Scrapbook-papierreste und Strukturkarton in verschiedenen Blau- und Grün-tönen
* Lace-Tape-Rest in Grün
* Accessoires zum Dekorieren, z. B. kleine Knöpfe, Strass-steine in Blau-tönen, schmales Dekoband
* Motivlocher „Schneeflocke", ø 2,5 cm
* Ecklocher, rund
* Dymo® Label Maker und Beschriftungs-band in Blau

Karte mit Instant-Schnee

1 Den hellblauen Strukturkarton mittig zu einer Klappkarte falten und die obere rechte Ecke abrunden. Den petrolfarbenen und den dunkelblauen Strukturkarton gemäß der Abbildung auf die Vorderseite der Karte kleben. Die Schneeflocken ausstanzen und mit den Halbperlen auf die Vorderseite kleben.

2 Füllen Sie den Inhalt des Lochers in den Druckverschlussbeutel. Für den Reiter wird der grüne Strukturkarton mittig gefaltet und der untere Rand mit dem Bordürenlocher zu einer Bogenkante gestanzt. Den Text „Instant Schnee" mit einem Gelstift in verschnörkelter Schrift auf den Reiter schreiben, den Druckverschlussbeutel in den Reiter schieben und mit dem Tacker befestigen. Kleben Sie den Beutel dann auf die Vorderseite der Karte, wickeln Sie das Dekoband um die Karte und verknoten Sie es. Die Bandenden ggf. kürzen.

Karte mit Schneeflocken

1 Falten Sie den größeren weißen Bastelkarton mittig zu einer Klappkarte und runden Sie zwei der Ecken ab. Den quadratischen blauen Strukturkarton und den quadratischen weißen Bastelkarton auf die Vorderseite der Karte kleben. Dann aus den verschiedenfarbigen Papierresten neun Schneeflocken ausstanzen und auf das weiße Quadrat kleben.

2 Der Text „Frohes Fest" wird mit dem Label Maker geprägt und mit dem Lace-Tape unterhalb des Quadrates festgeklebt. Zum Schluss können Sie noch die Schneeflocken mit den Accessoires verzieren.

FROHES FEST
instant Schnee

Es schneit

mit und ohne Karte

MATERIAL FÜR DIE KARTE

* Strukturkarton in Hellblau, 24 cm x 17 cm
* Naturpapier in Blau, 11 cm x 16 cm
* Filz in Weiß, 9,5 cm x 14,5 cm
* Dekobandrest in Rot mit Weihnachtsmotiven
* Eyelet (Öse) in Silber, ø 8 mm
* Nähmaschine und Garn

FÜR DEN ANHÄNGER

* Designpapierrest „Shining“ in Silber
* Strukturkartonrest in Dunkelblau
* Bastelkartonrest in Rot mit kleinen Weihnachtsmotiven
* 2 flache Knöpfe
* 12 Strasssteine in Weiß, ø 4 mm
* Kordel „Baker's Twine“ in Rot-Weiß

VORLAGE

Bogen 2A

1 Übertragen Sie für den Anhänger die äußeren Linien der Schneeflocke auf das Designpapier „Shining“ und schneiden Sie das Motiv zweimal aus (einmal spiegelverkehrt). Die inneren Linien der Schneeflocken auf den dunkelblauen Strukturkarton übertragen, auch hier eine Variante spiegelverkehrt, und die Schneeflocke ebenfalls zweimal ausschneiden. Die Herzen zweimal aus dem roten Bastelkarton zuschneiden. Kleben Sie dann gemäß der Abbildung die Motivteile aus dem Designpapier zusammen. Darauf jeweils den dunkelblauen Strukturkarton mit Abstandsklebepads kleben. Dann wird die Schneeflocke beidseitig mit den Herzen, den Knöpfen und den Strasssteinen dekoriert. Die Schneeflocke außen lochen und die Kordel durchziehen.

2 Den Strukturkarton in Hellblau mittig zu einer Klappkarte falten. Auf der Vorderseite zunächst das Naturpapier und dann den Filz mittig anordnen und mit wenig Klebstoff fixieren. Schieben Sie das Dekoband rechts oben unter den Filz und nähen Sie dann alle Lagen mit der Nähmaschine zusammen. Oben mittig die Öse einsetzen. Dann die Kordel des Anhängers durch die Öse fädeln und innen mit einem Klebestreifen fixieren. Der Anhänger kann zusätzlich mit einem Abstandsklebepad auf der Vorderseite fixiert werden.

Meine Tipps für Sie

Ganz einfach Besonders schnell geht es, wenn Sie einen fertigen Anhänger verwenden.
Variationen Auch andere weihnachtliche Motive ergeben tolle Anhänger: Sterne, Herzen, Glocken – Ihrer Fantasie sind keine Grenzen gesetzt.

Einfache Hingucker

klassische Motive schnell gefertigt

MATERIAL

KARTE MIT WEIHNACHTSKUGEL

* Designpapier „Starlight“ in Violett, 24 cm x 17 cm
* Strukturkarton in Creme, 11 cm x 16 cm
* Scrapbookpapierreste in Grün- und Lilatönen
* Dekoband in Grün-Weiß gepunktet
* Stempel „Liebste Weihnachtsgrüße“ und „und schön brav sein“ und Stempelkissen in Schwarz
* Halbperle in Hellblau, ø 8 mm
* Nähmaschine und Garn

KARTE MIT SCHNEEMANN

* Strukturkarton in Türkis, 24 cm x 17 cm
* Scrapbookpapier „Winterzauber“ in Türkis, 12 cm x 11,5 cm
* Bastelkarton in Weiß, 12 cm x 5 cm
* Satinband in Hellblau-Türkis gepunktet
* Aufkleber „Frohe Weihnachten“
* Papier-Accessoire „Schneemann“

VORLAGE

Bogen 2A

Karte mit Weihnachtskugel

Falten Sie das Designpapier mittig zu einer Klappkarte. Die Vorlage für den Weihnachtsanhänger auf das Scrapbookpapier übertragen und vier Anhänger zuschneiden. Einen Anhänger auf den cremefarbenen Strukturkarton kleben, die anderen Anhänger genau darauf platzieren (ggf. mit etwas Malerkrepp oder Masking Tape fixieren). Nähen Sie dann die Naht senkrecht vom oberen Rand mittig durch den Weihnachtsanhänger und biegen Sie die Flügel des Anhängers nach vorne. Dann den cremefarbenen Karton auf die Vorderseite der Karte kleben. Aus dem Dekoband eine Schleife binden und oberhalb des Anhängers ankleben. Unterhalb des Anhängers die Halbperle fixieren. Zum Schluss kann der Text aufgestempelt werden.

Karte mit Schneemann

Falten Sie den türkisfarbenen Karton zur Doppelkarte. Kleben Sie den weißen Karton auf das Scrapbookpapier „Winterzauber“, umwickeln Sie das Scrapbookpapier wie abgebildet mit dem Satinband und verknoten Sie das Band. Dieses Element dann auf die Vorderseite der Karte kleben. Den Sticker mit den Weihnachtsgrüßen aufkleben und den Schneemann mit Abstandsklebepads fixieren.

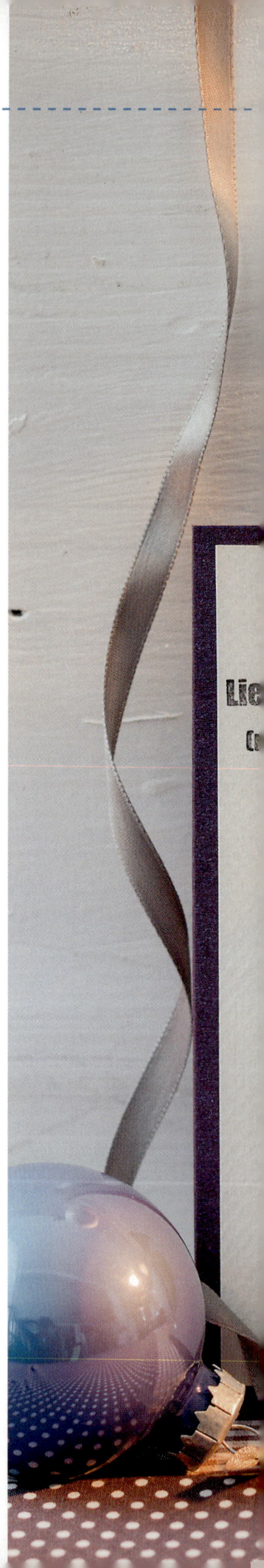

eihnachtsgrüße!
i brav seinD
Frohe Weihnachten

Ein Stern ist aufgegangen

in der Weihnachtszeit

MATERIAL

* Strukturkarton in Creme, 15 cm x 30 cm
* Bastelkarton in Weiß, 16 cm x 45 cm
* Sticker-Schriftzug „Frohes Fest“ in Weiß, ca. 6,5 cm lang

VORLAGE

Bogen 2B

1 Falten Sie den Strukturkarton in Creme mittig zu einer Klappkarte. Die Vorlage für die Krippenszene auf den weißen Bastelkarton übertragen und das Motiv mit dem Cutter auf einer geeigneten Schneideunterlage ausschneiden.

2 Kleben Sie die Köpfe der drei Figuren und den oberen Teil des Bogens mit dem Stern zusammen (die Klebeflächen sind auf der Vorlage markiert). Dann wird die Krippe auf einer Seite in die Karte geklebt.

3 Den zweiten Teil der Krippe auf der anderen Seite in die Karte kleben. Beim Öffnen der Karte stellt sich die Krippe nun automatisch auf. Die Außenseite der Karte kann nach Belieben verziert werden. Sie können z. B. den Schriftzug „Frohes Fest“ aufkleben.

Mein Tipp für Sie

Versuchen Sie andere Farbkombinationen
In Weiß und Creme wirkt die Karte edel und zurückhaltend. Lilatöne wirken mystisch und Orangetöne vermitteln Energie. In jeder Farbkombination entfaltet die Karte eine eigene Wirkung.

Aus dem Winterwald

schlicht und edel

MATERIAL

* Bastelkarton in Weiß, 24 cm x 17 cm
* Designpapier „Shining" in Weiß, A4
* Designpapier „Starlight" in Weiß, 24 cm x 18 cm
* Sticker „Schneeflocken" in Weiß
* evtl. Sticker-Schriftzug „Frohes Fest" in Weiß, ca. 6,5 cm lang

VORLAGE
Bogen 2B

1 Den Bastelkarton in Weiß mittig zu einer Klappkarte falten. Die Vorlage für die Landschaft mit Bäumen auf das Designpapier „Shining" übertragen, das Motiv ausschneiden und mittig mit dem Falzbein falzen. Dann in die Klappkarte kleben. Beachten Sie dabei, dass die äußeren Ränder übereinanderliegen und der Einleger nicht bis zum Falz in die Karte eingeschoben wird. Nun werden beide Teile an den äußeren Rändern zusammengeklebt.

2 Die Vorlage für die Szene mit dem Hirsch auf das Designpapier „Starlight" übertragen, ausschneiden und ebenfalls mittig falzen. Dann – wie bei der vorherigen Ebene – in die Karte kleben. Beim Öffnen der Karte sollte zwischen den Ebenen ausreichend Platz sein.

3 Die Außenseite der Karte können Sie ganz nach Wunsch gestalten. Sie können z. B. einen Hirsch aus dem Designpapier „Shining" ausschneiden, aufkleben und durch einen Schriftzug ergänzen. Zum Schluss die Schneeflocken innen aufkleben.

Mein Tipp für Sie

Mix it! Diese Karte lebt von dem Mix an Papieren und ist trotzdem sehr edel und dezent. Anstelle der hier genannten Designpapiere können Sie jedes andere Papier verwenden. Achten Sie lediglich darauf, dass jede Ebene aus einer anderen Papierart besteht.

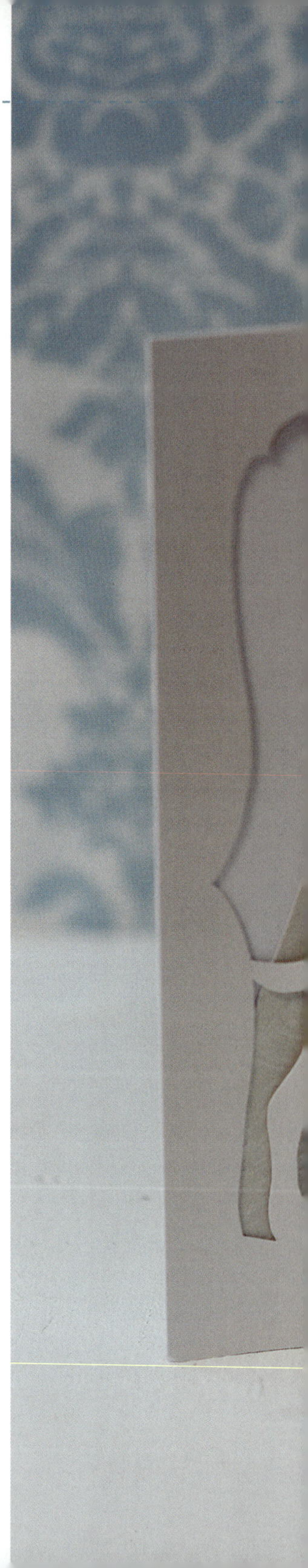

Miriam Dornemann kam über einen kurzen Umweg als Beamtin vor einigen Jahren bei ihrem Traumberuf als Grafikerin an. Zur Zeit arbeitet sie in Teilzeit als Grafikerin und Illustratorin und kümmert sich den Rest der Zeit um den im Sommer 2008 geborenen Sohn Johannes. Daher müssen ihre Hobbys manchmal bis in die späten Abendstunden warten. Dann aber gibt es kein Halten mehr und sie malt, näht, filzt oder arbeitet mit Papier.
Ihre bevorzugten Materialien sind eindeutig Stoff und Papier: „Ich kann nicht sagen, welches Material mir lieber ist ..." Und so kann es vorkommen, dass sie Papier und Stoff in ungewöhnlicher Weise kombiniert. Weitere Ideen, Anregungen und Anleitungen finden Sie auch in ihrem neuen Blog: http://miri-d.blogspot.com/

DANKE!

Wir danken den Firmen Hein Design (Hagen), Ludwig Bähr (Kassel) und Rayher (Laupheim) für die freundliche Bereitstellung von Material.

TOPP – Unsere Servicegarantie

WIR SIND FÜR SIE DA! Bei Fragen zu unserem umfangreichen Programm oder Anregungen freuen wir uns über Ihren Anruf oder Ihre Post. Loben Sie uns, aber scheuen Sie sich auch nicht, Ihre Kritik mitzuteilen – sie hilft uns, ständig besser zu werden.

Bei Fragen zu einzelnen Materialien oder Techniken wenden Sie sich bitte an unseren Kreativservice, Frau Erika Noll.
mail@kreativ-service.info
Telefon 0 50 52 / 91 18 58

Das Produktmanagement erreichen Sie unter:
pm@frechverlag.de
oder:
frechverlag
Produktmanagement
Turbinenstraße 7
70499 Stuttgart
Telefon 07 11 / 8 30 86 68

LERNEN SIE UNS BESSER KENNEN! Fragen Sie Ihren Hobbyfach- oder Buchhändler nach unserem kostenlosen Kreativmagazin **Meine kreative Welt.** Darin entdecken Sie die neuesten Kreativtrends und interessantesten Buchneuheiten.

Oder besuchen Sie uns im Internet! Unter **www.topp-kreativ.de** können Sie sich über unser umfangreiches Buchprogramm informieren, unsere Autoren kennenlernen sowie aktuelle Highlights und neue Kreativtechniken entdecken, kurz – die ganze Welt der Kreativität.

Kreativ immer up to date sind Sie mit unserem monatlichen **Newsletter** mit den aktuellsten News aus dem frechverlag, Gratis-Bastelanleitungen und attraktiven Gewinnspielen.

IMPRESSUM

FOTOS: frechverlag GmbH, 70499 Stuttgart; Miriam Dornemann (Porträt Seite 32); Anja Wägele (Umschlagklappe hinten, Nähen auf Papier); fotolia, Monkey Business (Karte Seite 10 oben); lichtpunkt, Michael Ruder, Stuttgart (restliche Bilder)

PRODUKTMANAGEMENT: Katrin Hartmann

LEKTORAT: Susanne Dubbers

ILLUSTRATIONEN: Miriam Dornemann

GESTALTUNG: Atelier Schwab, Handewitt

DRUCK: frechdruck GmbH, 70499 Stuttgart

Auflage: 5. 4. 3. 2. 1.
Jahr: 2016 2015 2014 2013 2012 [Letzte Zahlen maßgebend]

ISBN 978-3-7724-3996-4 • Best.-Nr. 3996 PRINTED IN GERMANY